BEI GRIN MACHT SICH IHR WISSEN BEZAHLT

- Wir veröffentlichen Ihre Hausarbeit,
  Bachelor- und Masterarbeit

- Ihr eigenes eBook und Buch -
  weltweit in allen wichtigen Shops

- Verdienen Sie an jedem Verkauf

Jetzt bei www.GRIN.com hochladen
und kostenlos publizieren

Bibliografische Information der Deutschen Nationalbibliothek:

Die Deutsche Bibliothek verzeichnet diese Publikation in der Deutschen National-
bibliografie; detaillierte bibliografische Daten sind im Internet über http://dnb.d-
nb.de/ abrufbar.

Impressum:

Copyright © 2018 GRIN Verlag
Druck und Bindung: Books on Demand GmbH, Norderstedt Germany
ISBN: 9783668901674

Dieses Buch bei GRIN:

https://www.grin.com/document/462354

Lena Grüß

"Influencer". Jugendliche im Spannungsfeld privater und öffentlicher Einflüsse

GRIN Verlag

22.2.2018

LENA GRÜß

„INFLUENCER"

Jugendliche im Spannungsfeld privater und öffentlicher Einflüsse

Seminarfach „Jugend in Europa"

„Influencer":

Jugendliche im Spannungsfeld privater und öffentlicher Einflüsse

Facharbeit im Seminarfach „Jugend in Europa"

von

LENA GRÜß

Schuljahr: 2017/2018

Jahrgang: 11

Ausgabe des Themas: Montag, den 08. Januar 2018

Abgabe der Arbeit: Donnerstag, den 22. Februar 2018

Inhalt

1 Einleitung

In dieser wissenschaftlichen Arbeit möchte ich mich mit dem Thema „Influencer" genauer auseinandersetzen. Das Wort „Influencer" bezieht sich in diesem Zusammenhang nicht nur auf die in der Marketingbranche zu findenden „Meinungsmacher", also User sozialer Netzwerke, die durch ihr themenkompetentes Auftreten bei ihren Followers, zu Deutsch Anhänger oder sogar Mitläufer, einen vertrauenswürdigen Eindruck hinterlassen und somit (Kauf-)Entscheidungen ihrer Community beeinflussen können. Stattdessen werde ich mich in meiner Arbeit mit dem Wort „Influencer" hauptsächlich auf die Übersetzung „Beeinflusser" und den Begriff der Sozialisation beziehen.[1]

Der Begriff Sozialisation wurde erstmals von Émile Durkheim im Zusammenhang mit der Soziologie verwendet und beschreibt laut ihm *„Einwirkungen [...] auf diejenigen, die noch nicht reif sind für das Leben in der Gesellschaft".*[2] Später definiert Klaus Hurrelmann Sozialisation genauer *„als den Prozess der Entwicklung der menschlichen Persönlichkeit in Auseinandersetzung mit der inneren Realität von Körper und Psyche und der äußeren Realität von sozialer und physischer Umwelt".*[3] Demnach ist es ein lebenslanger Prozess, der nicht mit der Volljährigkeit oder dem Erwachsenwerden endet, sondern immer wieder durch verschiedene Sozialisationsinstanzen beeinflusst wird.[4]

Um im Rahmen des Seminarfachthemas „Jugend in Europa" zu verbleiben, werde ich mich jedoch ausschließlich auf die Jugendphase, beziehungsweise den Zeitraum des Heranwachsens und der psychischen Reifebildung beschränken. Die genaue Altersgrenze setze ich dabei von 10 bis 25 Jahren. Diese Einteilung treffe ich, da die Pubertät bei Mädchen im Durchschnitt in einem Alter von 10 Jahren beginnt, bei Jungs in einem Alter von 12 Jahren.[5] Zudem stütze ich mich mit der Grenze von bis zu 25 Jahren auf die Definition der Jugend laut der United Nations Organization, welche diese in den Zeitraum vom 15. bis zum 24. Lebensjahr einordnet[6] sowie die Erklärung der Deutschen Shell Holding GmbH, welche für ihre 17. Shell Jugendstudie Personen bis zum 25. Lebensjahr befragt hat.[7]

---

[1] Vgl. https://www.academy.blogfoster.com (06.02.2018)
[2] Jugendsoziologie von Albert Scherr (S.66, Z.)
[3] Einführung in die Allgemeine Pädagogik von Prof. Dr. Wolf-Dieter Scholz/ Mark Euler
[4] Vgl. https://wiki.studiumdigitale.uni-frankfurt.de (06.02.2018)
[5] Vgl. http://www.familie.de (06.02.2018)
[6] Vgl. https://www.bmfj.gv.at (06.02.2018)
[7] Vgl. https://www.shell.de (15.02.2018)

2 Sozialisationsinstanzen

Sozialisationsinstanzen oder auch Sozialisatoren bezeichnen Gruppen, Personen und Institutionen, die die sozialen Lernprozesse und somit die Entwicklung des Individuums, der Sozialisanden, steuern und beeinflussen.[8]

Grundsätzlich unterteilt man in drei Sozialisationsinstanzen:

2.1 Primäre Sozialisationsinstanzen

Zu der primären Sozialisationsinstanz gehört die Familie, insbesondere die Eltern. Sie ist besonders wichtig, da Kinder sich vom Beginn ihres Lebens an, an eine Bezugsperson klammern, welche für gewöhnlich eine Erziehungsperson ist.[9] Im Laufe des Heranwachsens wirken Eltern auf die Persönlichkeitsentwicklung ihrer Kinder durch ihre persönliche Beziehung zueinander, ihren Erziehungsstil und ihre eigenen Ansichten, aus.[10] Dazu kommen noch die allgemeinen Lebensbedingungen der Familie, aufbauend auf Bildung und finanzieller Stärke der Erziehenden. Befinden sich diese in einer schlecht gebildeten und somit beruflich oder finanziell instabilen Schicht, ist die Eltern-Kind-Beziehung nicht so ausgeprägt, wie die innerhalb einer höheren Schicht.[11] Dort sehen Jugendliche, trotz des zunehmenden Ablöseprozesses zu den Eltern, diese noch immer als Vorbild in Lebens- und Partnerschaftsfragen und berichten häufiger von Auseinandersetzungen und Spannungen innerhalb ihres Freundeskreises.[12]

2.2 Sekundäre Sozialisationsinstanzen

Zu den sekundären Sozialisationsinstanzen gehören alle Bildungseinrichtungen und sozialpädagogischen Einrichtungen von der Kindertagesstätte bis zur beruflichen Aus- und Weiterbildung. Für Jugendliche steht jedoch die Schule im Vordergrund. Gemäß der Aufbewahrungsfunktion der Schule, insbesondere der Aufsichtspflicht der Lehrkräfte, verbringen Schüler den Großteil ihrer Zeit in der Schule, wodurch die Eltern in ihrer Betreuungspflicht entlastet werden. Doch die Schule hat weitere Leistungen für die Gesellschaft, beziehungsweise für Teile dieser, zu erbringen. Diese Leistungen nennt man kurzum Funktion und haben zum Beispiel den Auftrag die Schüler durch Vermittlung sozialer Normen zu sozialisieren. Des Weiteren gibt es die Qualifikationsfunktion, durch die sie auf das spätere Berufsleben vorbereitet werden sollen. Diese Funktion lässt sich unterteilen in die Selektion durch verschiedene Ab-

---

[8] Vgl. http://www.wirtschaftslexikon24.com (06.02.2018)
[9] Vgl. KÜRZINGER 2014, S.98
[10] Vgl. SCHÄFERS 1989, S.101
[11] Vgl. SCHERR 2009, S.137
[12] Vgl. KÜRZINGER 2014, S.73

schlüsse und die Allokation, also der Zuordnung dieser Schüler auf verschiedene Berufsfelder. In unserer Gesellschaft ist vor allem die Selektion ein entscheidender Faktor, da eine gute Bildung meist eine gute berufliche Stellung und somit Ansehen, zum Beispiel wie oben schon beschrieben bei den Kindern, mit sich bringt. Förderschulen verdeutlichen eine andere Form der Selektion: Schüler in einer derartigen Bildungseinrichtung weichen für Schüler einer anspruchsvolleren Schule von den Normalitätsstandards ab, weswegen es bei gemeinsamen Unterricht oder außerschulischen Aktivitäten unter Umständen durchaus zu Ausgrenzungen kommen könnte.[13] Außerdem schreibt Wolfgang Klafki der Schule noch die Enkulturation zu, was bedeutet, dass Schüler in die Kultur und die Traditionen unserer Gesellschaft eingeführt werden, diese gleichzeitig aber auch durch neue Verhaltensmuster und gegebenenfalls Subkulturen weiter entwickeln.[14]

2.3 Tertiäre Sozialisationsinstanzen

Zu den tertiären Sozialisationsinstanzen gehören für Jugendliche einerseits die Gleichaltrigen, andererseits aber auch annähernd jegliche Art von Unterhaltung, wie zum Beispiel Freundschaften, Freizeit, Medien, Politik oder Religion.

2.3.1 Peergroups

Peers, oder auf Deutsch Gleichaltrige, entwickeln in der Jugendphase eine immer größere Bedeutung. Dies liegt nicht nur an dem Ablöseprozess gegenüber den Eltern und der damit verbundenen Eigenständigkeit, sondern auch daran, dass Jugendliche im Gegensatz zu früher immer mehr Zeit in Bildungseinrichtungen verbringen, in denen sie unumgänglich von ihren Peers umgeben sind.[15]

Gleichaltrige und Untergruppen wie Cliquen, beste Freunde und Partner, helfen Jugendlichen dabei wichtige Sozialkompetenzen zu entwickeln, indem sie dem Einzelnen die Möglichkeit bieten, die eigene Rolle in solch einer Sozialstruktur, sei es der feste Freundeskreis oder nur eine Arbeitsgruppe, zu finden. Wichtig dabei ist, *„dass es weniger das gemeinsame Lebensalter ist, das die Peers miteinander verbindet, sondern das für die Austauschprozesse konstitutive Prinzip der Gleichrangigkeit".*[16] Damit ist vor allem das Prinzip der Regeln innerhalb eines Freundeskreises, verglichen dem gegenüber Erwachsenen, gemeint. Innerhalb einer Clique sind die Regeln verhandelbar und jederzeit veränderbar. Gegenüber Erwachsenen, zum Beispiel Lehrern in der Schule, stehen sie fest und sind einzuhalten. Dieser Unterschied er-

---

[13] Vgl. SCHERR 2009, S.141
[14] Vgl. KÜRZINGER 2014, S.77
[15] Vgl. SCHERR 2009, S.165 ff.
[16] Brake (2010), S.388

klärt die gemeinsame Abhebung Jugendlicher von Erwachsenen, welcher sich durch ihr Verhalten, aber auch Aussehen und Sprache, kenntlich macht. Gemeinsame Orientierungen wie diese verhelfen den Jugendlichen zu selbstständig konzipierten Wert- und Normstrukturen innerhalb ihrer eigenen Normalitätsstandards.[17]

2.3.2 Freizeit und Medien

Medien dominieren unseren Alltag. Egal ob Radiohören beim Autofahren, Zeitunglesen beim Frühstück oder Fernsehen am Abend, die Mediennutzung ist für die heutige Gesellschaft nicht mehr wegzudenken. Dennoch ist sich die Forschung über die genaue Rolle der Medien als Sozialisationsinstanz uneinig. Manche Studien besagen, dass Medien als eine Art „Übermacht" die anderen Instanzen in den Hintergrund rückt, andere wiederum sehen sie lediglich als einen weiteren Einflussfaktor neben den klassischen Sozialisationsinstanzen.[18]

Trotzdem kann man den Alltag der Jugendlichen als „mediatisiert" ansehen: vor allem das soziale Leben findet nicht so wie früher rein in der realen Welt statt, sondern immer mehr im virtuellen Raum der sozialen Netzwerke. Neben der generellen Kommunikation ist auch die Freizeitgestaltung eng mit den Medien verknüpft. Zwei der drei beliebtesten Hobbys Jugendlicher waren 2010 laut der Shell Studie mit Mediennutzung verbunden. Sich mit seinen Freunden zu treffen schaffte es als einzige non-mediale Freizeitgestaltung in die Top 3. Die anderen beiden Plätze wurden vom Internet mit dem ersten und vom Musikhören mit dem dritten Platz belegt.

Natürlich sollte man dies nicht unbedingt in ein schlechtes Licht stellen, denn gerade durch die Verknüpfung von Freizeit und Medien ist es den Heranwachsenden möglich *„sich bis zum frühen Erwachsenenalter normenkonforme Verhaltensweisen anzueignen und den richtigen Weg zwischen nicht hinterfragter Annahme der Werte der Erwachsenen und der Entwicklung eigener und selbstständiger Sichtweisen zu finden."*[19] Der mediale Alltag fördert demnach ihren Sozialisationsprozess, ihre Fähigkeiten und ihre Sozialkompetenzen. Des Weiteren haben sie die Chance Lebenserfahrung zu sammeln, während sie sich auf die Pluralität der vielfältigen Lebensweisen in unserer Gesellschaft vorbereiten um sich dort schließlich vollends eingliedern zu können.[20]

---

[17] Vgl. KÜRZINGER 2014, S.74 ff.
[18] Vgl. KÜRZINGER 2014, S.77 f.
[19] Hurrelmann und Quenzel (2012), S. 189
[20] Vgl. SCHERR 2009, S.151

3 Private und öffentliche Einflüsse

Abgesehen von der Gliederung in drei Sozialisationsinstanzen ist es eine weitere Möglichkeit die verschiedenen Arten der Einflussnehmer, sowohl Personen als auch Gruppen und ganze Netzwerke, in private und öffentliche Einflüsse zu unterteilen.

3.1 Private Einflüsse

Die privaten oder auch sozialen Einflüsse lassen sich grundlegend auf eine kleine Beteiligten-zahl festlegen, sodass die Interaktion zwischen zweier Individuen oder einer kleinen Perso-nengruppe in den Vordergrund rückt. Solch eine Sozialstruktur wird als mikrosozial bezeich-net. Bekannte und am meisten auftretende Beispiele für mikrosoziale Beziehungen sind Fami-lien und Freunde, denn bei diesen zwischenmenschlichen Gegebenheiten geht es überwiegend um die spezielle Wirkung eines Menschen auf einen anderen. Zu beachten ist dabei, dass mit Freunden nicht die komplette Peergroup gemeint ist, sondern lediglich gute Bekannte, der engere Freundeskreis oder in einzelnen Fällen auch nur der/die beste Freund/-in.[21]

3.2 Öffentliche Einflüsse

Andererseits gibt es noch die öffentlichen Einflüsse, welche Einrichtungen beschreiben, die sich an größere Personen- oder Teilgruppen bis hin zu der Gesamtgemeinschaft richten. Bei-spiele dafür sind Unternehmen, Länder, aber auch Interessenverbände. In die Kategorie der Interessenverbände lassen sich auch die meisten Freizeitgestaltungen einordnen, wie zum Bei-spiel Vereine und Organisationen im Bereich des Sports, der Religion oder der Politik. Bil-dungseinrichtungen, also die sekundäre Sozialisationsinstanz, lassen sich auch hier zu den makrosozialen Einflüssen einordnen. Auffallend neben den klassischen Sozialisatoren sind die Medienstars, unter ihnen die Social Media-Influencer: Personen des öffentlichen Lebens, die ihr Geld zum größten Teil durch Marketing in sozialen Netzwerken verdienen. Dabei ist es eine ihre Aufgabe ihre Abonnenten durch Werbung zu einem Kauf der unterstützen Pro-dukte zu überzeugen und der Marke ein gutes Image zu verschaffen.[22]

3.3 Mesosoziale Einflüsse

„Als mesosozial werden Aufgaben und Projekte des sozialen Organismus verstanden, die zwi-schen mikrosozial und makrosozial angesiedelt sind."[23] Solche Sozialstrukturen, die sich schwer gleichermaßen allgemein wie auch eindeutig zuordnenden lassen, sind zum Beispiel größere Gruppen wie Peergroups. Gleichaltrige können mit verschiedenen Begründungen zu

---

[21] Vgl. https://anthrowiki.at (13.02.2018)
[22] Vgl. https://anthrowiki.at (13.02.2018)
[23] https://anthrowiki.at (13.02.2018)

jeder Sozialisationsinstanz gezählt werden. Als Bekanntenkreis zur primären, als Jahrgang zur sekundären und als Mannschaft in die tertiäre Sozialisationsinstanz. Deswegen ordnet man Peers zwischen mikro- und makrosozialen, sozialen und öffentlichen Einflüssen an. Die genaue Zuteilung zu einer Gruppe erfolgt themenspezifisch anhand der zutreffenden Definition der Peergroup.

4 Shell Jugendstudie

Die Deutsche Shell Holding GmbH beauftragt seit 1953 Wissenschaftler und Institute mit der Erstellung von Studien, die sich mit den Sichtweisen deutscher Jugendlicher befassen. Im Rahmen der 17. Shell Jugendstudie 2015 waren die studienführenden Wissenschaftler Prof. Dr. Mathias Albert, Prof. Dr. Klaus Hurrelmann und Prof. Dr. Gudrun Quenzel, zusammen mit der TNS Infratest Sozialforschung. Ihr Anliegen war es mit der Weiterführung dieser Studie zu untersuchen, unter welchen gesellschaftlichen Bedingungen Jugendliche heutzutage aufwachsen und wie sich daraus ihr Charakter bildet.[24]

Für besagte Repräsentativumfrage wurden von Anfang Januar bis Anfang März 2015 ungefähr 2500 Jugendliche im Alter von 12 bis 25 Jahren mit Hilfe eines standardisierten Fragebogens zu ihren persönlichen Einstellungen und Orientierungen befragt. Zusätzlich wurden mit 21 Personen der teilnehmenden Jugendlichen zwei- bis dreistündiges Interviews geführt. [25]

Zu aller erst lässt sich sagen, dass die Befragten einen festen und eigenständig erarbeiteten Platz in der Gesellschaft suchen, von dem aus sie an Gestaltungsprozessen der Gesellschaft teilhaben können. Sie wünschen sich die mögliche Vereinbarkeit von Arbeit, Freizeit und Familie, wobei innerhalb dieser Bereiche stabile und positive soziale Beziehungen als Hilfe der Verwirklichung eigener Pläne zu finden sein sollten.

4.1 Familie

Für 72% der Umfrageteilnehmer ist die Familie eine der wichtigsten Instanzen was die Wertebildung angeht, womit sie als ein zentraler Ursprungspunkt vieler Werte gilt. Familienmitglieder bieten Heranwachsenden den notwendigen Rückhalt und emotionale Unterstützung in anstrengenden Zeiten, wodurch sich ihre Bindungsfähigkeit stärkt und sie dank der Entlastung ihre Persönlichkeit weiter entwickeln können. Die meisten sprechen von einem überwiegend guten Verhältnis zu ihren Erziehern, erkennbar an einer offenen und harmonischen Bezie-

---

[24] Vgl. https://www.shell.de (15.02.2018)
[25] Vgl. https://www.shell.de (15.02.2018)

hung, die die Kinder sicher, geborgen und gut aufgehoben fühlen lässt. Zudem haben sie das Gefühl sich auf ihre Familie verlassen und ihnen vertrauen zu können. So ist es auch kein Wunder, dass 74% ihre zukünftigen Kinder genauso oder größtenteils so erziehen würden, wie sie selbst von ihren Eltern erzogen wurden. Hierbei lassen sich jedoch Schichtunterschiede erkennen, da in der unteren Schicht nur 46% mit der Erziehung ihrer Eltern übereinstimmen. Mögliche Gründe stellen dabei die finanziellen Mittel dar, denn es soll ihren Kindern beim Aufwachsen an nichts fehlen.

4.2 Freunde und Partner

Bezogen auf die Erlernung eigener Werte und Fähigkeiten, spielen Gleichaltrige, besonders Freunde und Partner, eine enorme Rolle. Cliquen bilden einen zusammenhaltenden Schutzraum für ihre Mitglieder, in dem sie, umgeben von Vertrauen und Offenheit, in Ruhe sie selbst sein können. Hat man erstmal einen verlässlichen und festen Freundeskreis gefunden, ist man bereit mit ihnen jederzeit sprichwörtlich durch dick und dünn zu gehen, weswegen auch 89% der Teilnehmer angeben durch die Individualität der verschiedenen Freunde in ihrem Wertesystem beeinflusst zu werden. Partnerschaften wirken leicht abgeschwächt mit 85% auch auf die Wertebildung ein, denn obwohl jede Partnerschaft zugleich eine Herausforderung für das Individuum ist, in der es vor allem seine Kompromissfähigkeit unter Beweis stellen muss, bietet es dennoch großes Glück und Zufriedenheit eine stabile Beziehung zu führen.

4.3 Freizeit

Dank unzählbarer Möglichkeiten der Freizeitbeschäftigung kann jeder seinen persönlichen Interessen nachgehen und sich in seinem Hobby voll und ganz entfalten. Doch auch hier gibt es wieder zu beachtende Unterschiede zwischen den verschiedenen Schichten. Die Deutsche Shell Holding GmbH hat vier Typen der Freizeitbeschäftigungen in der Jugendphase herausgestellt und sie jeweils der unteren, mittleren oder höheren Schicht zugeordnet.

Zu der kleinsten Gruppe, der „kreativen Freizeitelite", gehören 19% der Teilnehmer, überwiegend sehr gut gebildete. In ihrer Freizeit lesen sie gerne oder lassen ihrer künstlerischen Seite freien Lauf, indem sie zum Beispiel zeichnen oder schreiben.

„Familienorientierte", zu denen 24% zählen, gibt es in der Geschichte der Shell Jugendstudie 2015 zum ersten Mal. Zum größten Teil besteht diese Gruppe aus Mädchen der mittleren Schicht, die gerne mit ihren Eltern oder anderen Familienmitgliedern entspannt fernsehen oder andere Aktivitäten unternehmen.

Bei den „Medienfreaks" handelt es sich mit 27% der befragten Jugendlichen und auffällig vielen jungen Jungs um die zweitgrößte Gruppe der Freizeitaktivisten. Sie zeichnen sich durch faulere Freizeitbeschäftigungen, wie Computerspiele, YouTube Videos gucken oder rumhängen aus.

„Gesellig" beschreibt jedoch die meisten Jugendlichen, denn 30%, unter ihnen häufig ältere Jugendliche der mittleren Schicht, unternehmen gerne etwas gemeinsam mit ihren Freunden. Am beliebtesten ist in dieser Gruppe der Besuch von Partys, was das gehobene Alter der Gruppe erklärt.

4.4 Internet

Für Jugendliche der heutigen Zeit ist das Internet zur Selbstverständlichkeit geworden, ohne dass sie von einem wesentlichen Teil des sozialen Alltags ausgeschlossen werden würden. Die durchschnittlich drei zum Internet zugangsfähigen Geräte eines Jugendlichen werden aktiv genutzt, sodass sie im Schnitt 18 Stunden in einer Woche online sind. Die Forscher stellten fünf Internetnutzer dar und beschrieben ihr Verhalten in Bezug auf Geschlecht, ungefähres Alter, Bildungs- beziehungsweise sozialer Stand und wöchentlicher Nutzungsdauer.

Ein Viertel aller Teilnehmer sind sogenannte Info-Nutzer, die das Internet verwenden, um gebrauchte Informationen, zum Beispiel für die Schule, zu suchen oder sich über aktuelle Geschehen in Politik und Gesellschaft zu informieren. Es fällt auf, dass je älter die Jugendlichen sind, desto öfter werden sie dieser Kategorie zugeordnet. Zudem sind 60% der Info-Nutzer, die mit ihrer online verbrachten Zeit genau im Schnitt liegen, weiblich und haben in der Regel einen hohen Bildungsstand.

Mit nur einem Prozent weniger, also 24%, bilden sich die Medienkonsumenten aus eher jüngeren und männlichen Teilnehmern. Trotz ihres überdurchschnittlich hohen Onlinezeitraums von 20 Stunden die Woche, gehören auch sie den Gebildeteren an, denn die meisten von ihnen besuchen Gymnasien. Ihre Zeit verbringen sie mit den zahlreichen Unterhaltungsmöglichkeiten: Filme und Serien im Internet, aber auch im Fernsehen, Musikhören, Videospiele oder soziale Netzwerke.

Jeden Fünften kann man als digitalen Bewohner bezeichnen. Auf ganze 25 Stunden Onlinezeit in einer Woche kommen die eher älteren Jungs aller Schichten, die sie auf unterschiedlichste Weise zu nutzen wissen. Ein Beispiel dafür ist das „Mitmach-Internet": Der Teil des Internets, in dem sich jeder aktiv einbringen kann, in dem er beispielsweise einen eigenen Blog verfasst, Bewertungen zu Produkten hinterlässt oder selbst Fotos und Videos hoch lädt.

Mit erneut nur einem Prozent weniger, dementsprechend 19%, finden sich die Gelegenheits-nutzer. Diese Art der Internetnutzer, vor allem jüngere mit einem niedrigeren Bildungsniveau, verbringt nur 11 Stunden in der Woche im Internet. Das letzte Jahr in dem ein so niedriger Wert als allgemeiner Durchschnittswert berechnet wurde, war 2006.

Als letztes gibt es noch die etwas kleinere Gruppe der interaktivorientierten Selbstdarsteller, zu denen 12% der 12- bis 25-Jährigen zählen. Hier finden sich vor allem jüngere männliche Vertreter, die die meiste Zeit der 16 Stunden Internet in der Woche für ihre Selbstdarstellung in sozialen Netzwerken nutzen.

4.5 Vorsicht im Internet

Auf Grund der immer weiter steigenden Internetnutzung könnte man meinen, dass Jugendli-che auch immer leichtfertiger mit ihren persönlichen Daten im Netz umgehen. Doch steht fest, dass die Jugendlichen zu 72% durchaus vorsichtig mit ihren Daten umgehen, da ihnen be-wusst ist, dass das Internet ein in seinen Umfängen undeutliches Geschäftsfeld darstellt, bei dem die Nutzer vorrangig Kunden sind.

Dennoch will fast gar kein Heranwachsender auf die Nutzung des Internets, vor allem sozialer Netzwerke, verzichten. 39% wollen sich wegen möglicher Risiken nicht auf alles im Internet einlassen und kontrollieren ihr eigenes Nutzerverhalten verstärkt.

Andere wiederum haben den Wunsch trotz ihrer Kritik dabei zu sein und durch das Social Web nichts zu verpassen. Das Social Web besteht aus Anwendungen, die dem Menschen die soziale Kommunikation sowie den Informationsaustausch vereinfachen.[26]

Weitere sehen überwiegend die Vorteile des interaktiven und zugleich sozialen Charakters des Internets, welcher es ihnen ermöglicht jederzeit mitzubekommen, was die Freunde gerade machen und neue Kontakte zu knüpfen, beziehungsweise den Kontakt zu weit entfernten Per-sonen aufrechtzuerhalten. Dies hat zur Folge, dass diese 26% das Internet als eher unkritisch betrachten.

Ein sehr geringer Anteil von 3% lehnt jedoch jegliche Kritik am Internet ab und nutzt alle für sie interessanten Angebote voll aus.

4.6 Soziale Werte

Statt wie bei der letzten Shell Jugendstudie im Jahr 2005 den Arbeitsmarkt und somit den Beruf als oberste gesellschaftliche Priorität zu sehen, verloren die Werte Fleiß und Ehrgeiz an

---

[26] Vgl. https://de.ryte.com (16.02.2018)

Bedeutung. Genauso werden materielle Dinge oder ein hoher Lebensstandard unwichtiger in dieser Generation. Priorität setzen sie gegenwärtig auf Familie und darauf, die Pluralität der Menschen zu respektieren.

Freundschaften und soziale Kontakte haben hingegen der Familie jedoch Einbußen gemacht, denn obwohl durch soziale Netzwerke die Möglichkeiten der Kontakterhaltung gestiegen sind, ist der Wunsch nach dieser Bindung zu Personen gesunken. Soziale Netzwerke werden als nicht mehr wirklich sozial angesehen, sie seien viel zu oberflächlich und könnten durch fehlende Kommunikation in der echten Welt die traditionelle Lebenskultur zu stark einengen.

5 Mögliche Spannungsfelder

Im folgenden Abschnitt werde ich auf das Verhältnis verschiedener Sozialisatoren untereinander eingehen und beschreiben, ob dies für Jugendliche als Spannungsfeld zu betrachten ist. Das Wort Spannungsfeld definiert einen *„Bereich mit unterschiedlichen, gegensätzlichen Kräften, die aufeinander einwirken, sich gegenseitig beeinflussen und auf diese Weise einen Zustand hervorrufen, der wie mit Spannung geladen zu sein scheint"*[27] Für Beeinflusste der Jugendphase sind diese Kräfte demnach verschiedene Einflüsse, die zum Beispiel versuchen stärker auf die Entwicklung des Heranwachsenden einzuwirken, als andere Einflüsse es tun.

5.1 Familie – Gleichaltrige

Die allgemeine Einflussnahme dieser beiden privaten Sozialisationsagenten wurden bereits zuvor erklärt, weshalb dies nun grundsätzlich als bekannt vorausgesetzt wird und im Folgenden an den Ablösungsprozess angeknüpft wird.

Besagter Prozess kommt durch den zunehmenden Einfluss der Gleichaltrigen, der den Einfluss der Eltern in den Hintergrund rückt, zustande. Eine spezifischere, aber gleichzeitig allgemein gehaltene Verlaufsbeschreibung ist kaum möglich, denn es gibt viele Faktoren, die den Ablauf dieser Phase beeinflussen.

Helm Stierlin, ein deutscher Psychiater und Familientherapeut, stellte drei Beziehungstypen auf um die verschiedenen Abläufe in ihrer Bandbreite zu unterteilen.[28] Im Bindungsmodus versuchen die Eltern an ihrem Kind so lange wie möglich festzuhalten, da sie das Familienleben zufriedenstellt. Dabei wird das Kind jedoch durch die Verwöhnung der Eltern und der auferlegten Sichtweise, wie wichtig die Familie sei, unselbstständig und ist nicht ausreichend auf ein autonomes Erwachsenenleben vorbereitet.

---

[27] https://www.duden.de (18.02.2018)
[28] Vgl. https://de.wikipedia.org (18.02.2018)

Weiterhin gibt es den Delegationsmodus, in dem die Eltern abwägen, ob sie wie im Bindungsmodus an ihren Kindern festhalten und ihr jetziges Leben weiterleben oder ihnen, gemäß der Definition von Delegation[29], ihre eigenen Zuständigkeitsbereiche übertragen, sodass der Ablösungsprozess in einem stetigen Tempo fortschreitet, bis die Jugendlichen bereit sind die volle Zuständigkeit ihres Lebens zu übernehmen und die Eltern ein neues Leben ohne Nachwuchs im Haus anfangen können.

Der dritte Beziehungsmodus, der Ausstoßungsmodus, lässt die Eltern ihre Kinder als eine Art „Behinderung" ansehen, die einem neuen Leben im Weg steht. Sie versuchen den Prozess zu beschleunigen, wobei sie oft ihr Kind vernachlässigen.[30]

Besonders bei dem ersten und dritten Muster, kann es für die Eltern-Kind-Beziehung sehr problematisch zu gehen. Bei beiden Fällen brauchen die Jugendlichen verstärkt eine außenstehende Bezugsperson, bei der sie sich über die familiären Geschehnisse aussprechen können. Diesen Posten übernehmen in den meisten Fällen Gleichaltrige, die den vernachlässigten oder unselbstständigen Jugendlichen aus ihrer problematischen Situation durch Rat und Beistand raushelfen können. Orientieren sich Jugendliche zu stark an ihrer Peergroup und distanzieren sich komplett von den Eltern, kommt es jedoch erneut zu problematischen Strukturen, da sich die Heranwachsenden zu stark an kritischen Werten und leichtsinnigen Normen orientieren können.[31]

Doch egal ob der Ablöseprozess von den Eltern zum Problem wird oder einen normalen, auf die Entwicklung der Selbstständigkeit des Kindes fokussierten, Verlauf annimmt, gibt es kein Konkurrenzverhalten zwischen den Einflüssen von Eltern und Peers. Beide Sozialisationsinstanzen setzen im Regelfall unterschiedliche Ziele, sodass kein Spannungsfeld entsteht. *„Die meisten Studien kommen bei der vergleichenden Analyse des Sozialisationseinflusses von Eltern und Gleichaltrigen zu dem Schluss, dass den Eltern im Jugendalter ein größeres Gewicht im Bereich der Zukunftsorientierung und der Bildungs- und Berufsaktivitäten zukommt, während die Gleichaltrigen mehr als unmittelbare alltägliche Verhaltensvorbilder im Freizeit- und Unterhaltungsbereich und beim Aufbau von Freundschaftsbeziehungen fungieren".*[32] Demnach entsteht zwischen diesen beiden privaten Einflussnehmern auf Grund der unterschiedlichen Zielsetzungen/-orientierungen kein Spannungsfeld.

---

[29] Vgl. https://www.duden.de (18.02.2018)
[30] Vgl. SCHÄFERS 1989, S. 105 ff.
[31] Vgl. KÜRZINGER 2014, S.76
[32] Hurrelmann und Quenzel (2012), S. 179

5.2 Familie – Schule

Familie und Schule, beziehungsweise allgemein sozialpädagogische Einrichtungen zur Bildungsförderung, scheinen auf den ersten Blick nicht viel miteinander zu tun zu haben, doch sorgt vor allem die meist im jüngeren Jugendalter vertretene Eltern-Mitsprache in der Schule für ein Zusammenwirken beider Einflussnehmer. Familiäre Beziehungen sind wichtig, um das Kind bei Stress oder einer schlechten Note zu trösten und ihm gegebenenfalls vor der nächsten Prüfung bei der Vorbereitung zu helfen. Andererseits verursachen Eltern bei ihren Kindern häufig hohen Leistungsdruck, wodurch Schule und Familie einen *„Kreis der Überpädagogisierung"*[33] bilden. Durch dieses übermäßige Zusammenspiel aus Freizeit und Bildung, welches der Leistungsdruck verursacht, können Heranwachsende unter dem nicht standzuhaltenden Druck eine passive Rolle, sowohl in schulischen als auch in familiären Situationen, einnehmen.[34] Somit wird die Selbstentfaltung und Selbstverwirklichung der Jugendlichen verhindert.[35] Eine Möglichkeit ein derartiges Spannungsfeld zu umgehen ist die rege und offene Kommunikation mit den Eltern, wodurch das Verhältnis zwischen Bildung und Familie unproblematisch verlaufen kann.[36]

5.3 Peergroup – Schule

Aus den gleichen Gründen wie für den familiären Zusammenhalt - der Schulstress und emotionales Verständnis - wird auch die Bindung innerhalb der Peers verstärkt. Egal ob in einer Klasse, einem Kurs oder einer Arbeitsgruppe: Mitschüler machen einen Teil des Schulalltags aus. Gerade für unmotivierte Schüler sei dieser Anteil schnell dem der Bildung überwogen, sodass die sozialen Kontakte einen größeren Beweggrund zum Schulbesuch darstellen als die Schule selbst. Jedoch ist dies nur eine Annahme Paul Willis', offiziell konnte nämlich noch kein genereller Zusammenhang zwischen den Gleichaltrigen und der Schule festgestellt werden. Dafür sind die Unterschiede zwischen Schultypen, Regionen und Schulkassen zu groß.[37]

5.4 Mediale Stars – Familie und Freunde

Die genaue Rolle der medialen Stars im Leben Jugendlicher ist nicht eindeutig wissenschaftlich belegt, dennoch lässt sich vermuten, dass Prominente durch die durchgehende Medienpräsenz Idole für Jugendliche darstellen. Erklären lässt sich die durchaus nicht zu unterschlagende Rolle der Medienstars zum Teil mit der Weiterentwicklung multimedialer Möglichkei-

---

[33] SCHÄFERS 1989, S. 114
[34] Vgl. http://www.ipzf.de (19.02.2018)
[35] Vgl. https://sites.google.com (19.02.2018)
[36] Vgl. SCHIERSMANN/THIEL/FUCHS/PFIZENMAIER 2013, S.40
[37] SCHÄFERS 1989, S. 113

ten in der Gesellschaft und dem so entstehenden Wandel von privaten zu öffentlichen Einflüssen, wobei wieder Unterschiede zwischen den sozialen Schichten auftreten.[38]

Jugendliche des unteren Bildungsniveaus richten sich öfter nach Personen des öffentlichen Lebens als Gleichaltrige mit besserem Bildungsstand. Ein Grund dafür ist das Verhältnis zu den Eltern, denn wie im zweiten Kapitel erklärt, haben Personen der oberen Schichten öfter das Gefühl offen und vertrauensvoll mit ihren Eltern ins Gespräch zu kommen. Heranwachsende der unteren Schichten wenden sich stattdessen an fiktive und reale Personen, also Filmcharaktere wie auch Schauspieler, mit der Hoffnung von ihnen das angeforderte Wissen zu erlernen. *„Jugendliche suchen sich diejenigen medialen Gestalten (z.B. aus Lieblingsserien) heraus, die sie in ihren Alltagserfahrungen gerade brauchen, die Antworten auf ihre Lebensthemen, Sehnsüchte und Begrenztheiten geben. Sie wählen Gestalten, die etwas für die anstehenden Entwicklungsaufgaben beisteuern können. Deswegen ziehen Jugendliche übrigens auch die Stars aus der Fernseh- und Kinowelt den musikalischen und sportlichen Helden vor"[39]*

Ohne die Bedeutung der Medien für Heranwachsende zu vernachlässigen, muss man trotzdem klarstellen, dass Stars für sie momentane Orientierungen sind, die meist zeitlich begrenzt sind und, bezogen auf die Sozialisation, die einzige Aufgabe haben, den Fans durch modellhafte Gegebenheiten bei der Bewältigung von Identitätskonflikten oder auch nur normalen Alltagsproblemen, zu helfen. Somit kann man sie auf gar keinen Fall als Vorbilder ansehen, wie Eltern es für ihre Kinder sind. Die Hilfestellungen der Stars sind für die grobe Orientierung hilfreich, jedoch für detailliertere komplizierte Lebensfragen zu oberflächlich. An diesem Punkt kommen wieder die Personen aus dem unmittelbaren Umfeld ins Spiel, die durch aufmerksames Zuhören genau auf das jeweilige Problem eingehen können.[40]

Demnach lässt sich feststellen, dass Personen des öffentlichen Lebens gegenüber dem sozialen Nahraum des Individuums in Bezug auf die Einflussnahme kein Konflikt bietet. Mediale Stars sind in der Jugendphase eine wichtige Orientierung, doch noch lange kein Vorbild wie es Eltern oder Freunde sind. Ihre genaue Funktion neben der Orientierungshilfe kann man als ergänzende Einflussnahme bezeichnen, die lediglich im Schatten der realen sozialen Kontakte steht.

---

[38] Vgl. MENDL 2015, S. 35
[39] MENDL 2015, S. 197
[40] MENDL 2015, S. 36 f.

5.5 Internet – Schule

Für manch einen mag diese Verbindung auf den ersten Blick nicht schlüssig sein, doch wirkt sich die Internetnutzung Jugendlicher auf ihre schulischen Leistungen aus und umgekehrt.

„Damit [gemeint ist die zunehmend starke Präsenz der Medien im Alltag] wird ein Wissen zugänglich gemacht, das nicht an den eigenen direkten Lebenszusammenhang gebunden ist und auch über das hinausreicht, was Kindern und Jugendlichen durch pädagogische Institutionen zugänglich gemacht wird.“[41] Unbegrenzter Internetzugang bedeutet demnach unbegrenztes Wissen und nicht nur der in der Schule durch den Schultyp oder das Kernkurrikulum ausgewählte Lehrinhalt. Jugendliche können sich frei entscheiden was sie lernen wollen, sind somit motivierter und spezialisieren sich frühzeitig auf ein Themenspektrum.

Sind Jugendliche jedoch beim Lernen auf sich selbst gestellt, ist die Gefahr groß, dass sie nichts Sinnvolles lernen oder das Gelernte gleich wieder vergessen. Deswegen ist die Schule als Regulierung wichtig. Sie sorgt dafür, dass Schüler alles Wichtige lernen und zu diesen Themen im Internet keine Falschinformationen bekommen. An dieser Stelle wird der Unterschied zwischen Schule und Internet deutlich: Während jeder falsche Tatsachen im Internet als korrekt verbreiten kann, sind die Inhalte der Schule auf ihre Richtigkeit geprüft. Aufbauend auf dieser Feststellung wirkt die Schule als Bildungsvermittler und das Internet nur als unkontrollierte Informationsquelle.[42]

---

[41] SCHERR 2009, S.150
[42] Vgl. SCHERR 2009, S. 150 f.

14

6 **Fazit**

Abschließend verweise ich erneut darauf, dass Jugendliche einer Vielzahl an Einflüssen unterstehen. Dabei entscheiden sie jedoch selbst von welchen Einflüssen sie sich letztendlich beeinflussen lassen. So lassen sich heutzutage Personen des Jugendalters eher von privaten als von öffentlichen Influencern beeinflussen, obwohl die Anzahl medialer Einflüsse steigt (vgl. 4 Shell Jugendstudie).

Innerhalb dieser Einflüsse kommt es trotz der zum Beispiel ähnlichen sozialen Beziehungen zwischen den privaten Einflüssen der Familie und Freunden nur unter sehr speziellen Umständen, wie einem problematischen Verhältnis zu den Eltern, zu einem Spannungsfeld. Dieser Konflikt lässt sich jedoch auch allein anhand der familiären Schwierigkeiten begründen. Auch das Verhältnis der Einflüsse von Familie und Schule ist grundsätzlich unproblematisch zu sehen, solange kein enormer Leistungsdruck auf das Kind ausgeübt wird und somit eine Überpädagogisierung zu Stande kommt. Weiterhin ist die Basis des Zusammenwirkens vom sozialen Nahraums des Individuums und medialen Stars nicht als Problem zu sehen, da jede dieser Instanzen ein anderes Einflussziel, beziehungsweise ein generell unterschiedliches Einflussgebiet, verfolgt. Außerdem bietet die Schule als sekundäre, öffentliche Sozialisationsinstanz kaum Raum für Konfliktfelder zu anderen Beeinflussern der Jugendlichen, egal ob zu anderen öffentlichen Einflüssen wie den Medien oder zu Gleichaltrigen als mesosozialen Einfluss.

Obwohl natürlich dennoch Spannungsfelder in jedem dieser Verhältnisse - egal um welche Sozialisationsinstanzen es geht und ob diese privat, öffentlich oder mesosozial sind - durch individuelle Probleme, besonders Uneinigkeiten auf der zwischenmenschlichen Ebene, auftreten können, ist der alltägliche Einfluss auf Jugendliche unter den Sozialisationsagenten aufgeteilt, sodass in der Regel keine Spannungen auftreten.

Gerade diese Vielfalt an Einflussnehmern hilft den Jugendlichen meiner Meinung nach ihren eigenen Weg zu finden und sich von den Personen, Gruppen oder Sonstigen zu beeinflussen zu lassen, von denen sie in ihrer jeweiligen Situation den besten Rat erwarten. Diese Selektion die Jugendliche demnach den Einflüssen unterwerfen, stärkt ihre Selbstentschlossenheit und entwickelt ihren individuellen Charakter. Jugendliche meistern bewusst und unbewusst ihre Selbstentfaltung in Mitten ihres reizvollen Umfelds.

7 Quellenverzeichnis

7.1 Literaturverzeichnis

SCHERR, Albert (2009):
Jugendsoziologie
Einführung in Grundlagen und Theorien
9. Auflage
Wiesbaden:
VS Verlag für Sozialwissenschaften | GWV Fachverlage GmbH

KÜRZINGER, Kathrin S. (2014):
>>Das Wissen bringt einem nichts, wenn man keine Werte hat<<
Wertebildung und Werteentwicklung aus Sicht von Jugendlichen
Birkach:
CPI buchbuecher.de GmbH
Band 3 der Reihe:
BLASBERG-KUHNKE, Martina/GLÄSER, Eva/MOKROSCH, Reinhold/MÜLLER-USING, Susanne/NAURATH, Elisabeth (Hrsg.):
Werte-Bildung interdisziplinär
Universitätsverlag Osnabrück
V&R unipress GmbH

SCHÄFERS, Bernhard (1989):
Soziologie des Jugendalters
4. Auflage
Leverkusen:
Leske Verlag + Budrich GmbH

MENDL, Hans (2015):
Modelle – Vorbilder – Leitfiguren
Lernen an außergewöhnlichen Biografien
1. Auflage
Stuttgart:
W. Kohlhammer GmbH
Band 8 der Reihe:
BURRICHTER, Rita/GRÜMME, Bernhard/PIRNER, Manfred L./ROTHGANGEL, Martin/SCHLAG, Thomas (Hrsg.):
Religionspädagogik innovativ

SCHIERSMANN, Christiane/THIEL, Heinz-Ulrich/FUCHS, Kirsten/PFIZENMAIER, Eva (2013):
Innovationen in Einrichtungen der Familienbildung:
Eine bundesweite empirische Institutionenanalyse
Springer-Verlag

7.2 Internetquellen

https://www.academy.blogfoster.com/definition-influencer/
aus dem Internet am 06.02.2018
Autor: Jessika Klenner
Titel: Was ist ein Influencer? – Definition
Artikel in blogfoster Academy

https://wiki.studiumdigitale.uni-frankfurt.de/FB04_Grundschulwiki/index.php/Sozialisation
aus dem Internet am 06.02.2018
Titel: Sozialisation

http://www.familie.de/kind/anzeichen-einsetzen-pubertaet-500561.html
aus dem Internet am 06.02.2018
Autor: Evelyn Hosse
Titel: Anzeichen für das Einsetzen der Pubertät
Artikel in familie.de

https://www.bmfj.gv.at/jugend/internationale-jugendpolitik/vereinte-nationen.html
aus dem Internet am 06.02.2018
Titel: Vereinte Nationen
Artikel vom Bundeskanzleramt Österreich

https://www.shell.de/ueber-uns/die-shell-jugendstudie/multimediale-
inhal-
te/_jcr_content/par/expandablelist_643445253/expandablesection.stream/1456210165334/d0f
5d09f09c6142df03cc804f0fb389c2d39e167115aa86c57276d240cca4f5f/flyer-zur-shell-
jugendstudie-2015-auf-deutsch.pdf
aus dem Internet am 15.02.2018
Autor: Prof. Dr. Mathias Albert, Prof. Dr. Klaus Hurrelmann und Prof. Dr. Gudrun Quenzel,
TNS Infratest Sozialforschung
Titel: Zusammenfassung
Studie der Deutschen Shell Holding GmbH

http://www.wirtschaftslexikon24.com/e/sozialisatoren-sozialisationsinstanzen/sozialisatoren-
sozialisationsinstanzen.htm
aus dem Internet am 06.02.2018
Titel: Sozialisatoren (Sozialisationsinstanzen)
Artikel des wirtschaftslexikon24.com

https://anthrowiki.at/Mikro-_meso-_und_makrosozial
aus dem Internet am 13.02.2018
Titel: Mikro- meso- und makrosozial
Artikel vom AnthroWiki

https://www.shell.de/ueber-uns/die-shell-jugendstudie/multimediale-
inhal-
te/_jcr_content/par/expandablelist_643445253/expandablesection.stream/1456210165334/d0f
5d09f09c6142df03cc804f0fb389c2d39e167115aa86c57276d240cca4f5f/flyer-zur-shell-
jugendstudie-2015-auf-deutsch.pdf
aus dem Internet am 15.02.2018
Titel: Jugend 2015

Flyer der Deutschen Shell Holding GmbH

https://de.ryte.com/wiki/Social_Web
aus dem Internet am 16.02.2018
Titel: Social Web
Artikel vom Ryte Wiki

https://www.duden.de/rechtschreibung/Spannungsfeld
aus dem Internet am 18.02.2018
Titel: Spannungsfeld, das
Artikel vom Duden

https://de.wikipedia.org/wiki/Helm_Stierlin#Wirken
aus dem Internet am 18.02.2018
Titel: Helm Stierlin
Artikel von Wikipedia

https://www.duden.de/rechtschreibung/Delegation
aus dem Internet am 18.02.2018
Titel: Delegation, die
Artikel vom Duden

http://www.ipzf.de/Familienleben.html
aus dem Internet am 19.02.2018
Autor: Martin R. Textor
Titel: Familienleben, Familienprobleme, Familienpolitik
Auszug aus:
TEXTOR, Martin R.(Hg.):
Hilfen für Familien. Eine Einführung für psychosoziale Berufe.
Weinheim, Basel: Beltz 1998, S. 7-26

https://sites.google.com/site/paedagogischekonzepte/januar-korczak
aus dem Internet am 19.02.2018
Autor: Diana Lu
Titel: Janusz Korczak
Artikel von Pädagogische Konzepte vom 01.03.2015

7.3 Bildquellen

https://linkilike.com/geld-verdienen-internet/
aus dem Internet am 21.02.2018
Grafik von LinkILike